COUP D'OEIL

SUR LES

ANTAGONISMES SOCIAUX

ET SUR

LA DÉMOCRATIE.

COUP D'OEIL

SUR LES

ANTAGONISMES SOCIAUX

ET SUR

LA DÉMOCRATIE

PAR J. JUNG.

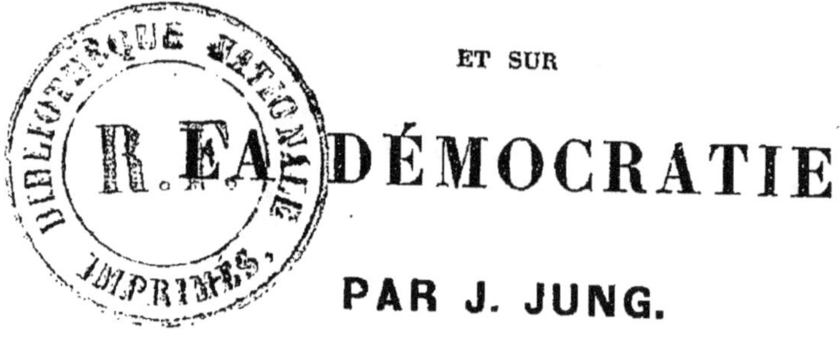

Dissertation soumise au jugement de la commission nommée par le Conseil de l'Instruction publique, dans le canton de Vaud, pour pourvoir aux chaires de droit vacantes à l'Académie de Lausanne.

Ὥστε δῆλον, ὅτι τὸ δίκαιον ζητοῦντες τὸ μέσον ζητοῦσιν· ὁ γὰρ νόμος τὸ μέσον. Arist. Polit, l. III, ch. II.

PARIS

IMPRIMERIE DE PLON FRÈRES

RUE DE VAUGIRARD, 36.

1848

COUP D'ŒIL

SUR LES

ANTAGONISMES SOCIAUX

ET SUR

LA DÉMOCRATIE.

Quelle étrange époque que celle où nous vivons !
Quelle crise laborieuse ! quel profond bouleverse-
ment ! quelle image de la confusion et du chaos !
L'année passée c'étaient l'hypocrisie et le fanatisme
qui se couvraient du manteau de la religion pour
étouffer l'indépendance de la pensée et attiser le feu
de la guerre entre des confédérés, au moment même
où un saint pontife, semblant renoncer à des tradi-
tions séculaires, appelait les peuples à la liberté ci-
vile et politique. Cette année ce sont des révolutions
qui naissent les unes des autres, et qui, en renver-
sant les trônes ou en les ébranlant avec violence,
émancipent de grandes nations ou menacent jusqu'aux bases de leur existence. En dépit d'une fla-
grante contradiction, le drapeau noblement élevé au

nom de la fraternité ne tarde pas à être inondé du sang versé par des frères, et à peine un ministre d'État vient-il dans un éloquent manifeste de faire un appel à la sympathie des nations qu'il voit les droits de l'hospitalité violés au sein même du peuple dont il se croit l'interprète. A de honteux exemples de corruption succèdent, peu de mois après, des actes d'un brillant héroïsme, d'un dévouement sublime qui éclate en présence de scènes d'une révoltante atrocité. Enfin, contraste plus frappant encore, les rigueurs de la loi martiale, l'omnipotence du despotisme militaire imposées par la nécessité des circonstances, sont acceptées comme un bienfait par une population qui vient de passer par les bacchanales de la liberté et a risqué de s'abîmer dans l'anarchie.

Si le monde des faits positifs présente ainsi le spectacle du désordre, c'est que le monde intellectuel et moral, dont il n'est que le miroir, est lui-même en proie au vertige et battu par les vents des doctrines les plus contraires. En politique, jamais peut-être le vieil antagonisme entre la monarchie, l'aristocratie et la démocratie ne s'est plus vivement, plus nettement posé qu'aujourd'hui. En morale, la doctrine de l'utile, de l'intérêt plus ou moins bien entendu s'élève contre celle du devoir, de l'obligation morale, et dans plus d'une occasion cette opposition s'est manifestée par une choquante contradiction entre les principes de la morale privée et ceux de la morale politique : tant il est facile de se dérober au joug austère du devoir quand on ne consulte que les vacillantes lueurs de l'utilité générale, ou qu'on s'en fie aux aveugles formules du fatalisme historique! Dans la philosophie, les déchirements sont moins remarqués, parce qu'ils ont lieu dans les profondeurs de la scène du monde ; mais cependant on sait comme la foudre est partie lorsque les nuages de la philosophie humanitaire sont venus heurter ceux de l'éclectisme.

En parcourant de point en point le cercle des connaissances et de l'activité humaines, il nous serait facile d'y signaler cette antinomie qui tantôt en comprime, tantôt en surexcite, toujours en trouble l'essor. Dans le domaine de la science et en particulier dans l'astronomie, dans la géologie, dans la zoologie et dans l'anthropologie nous aurions à montrer la croyance à un créateur, à une cause première et indépendante de ses effets, minée par les atteintes des écoles qui ne voient rien au delà de la matière et de ses propriétés, du monde et de ses lois. Le champ de la littérature et de l'art nous offrirait un duel acharné entre les classiques et les romantiques ; et, dans l'industrie, dans le commerce, nous verrions les doctrines de la libre concurrence, du *laissez faire* et *laissez passer*, flétries sous la qualification d'exploitation de l'homme par l'homme, et menacées par le monopole caché sous le masque de l'organisation du travail.

Mais, quelque triste que soit la vue des ruines causées par la mêlée des systèmes dans ces trois ordres de faits, les regards ne peuvent s'y arrêter longtemps lorsqu'ils découvrent celles qui jonchent une sphère plus auguste. Il est de saintes, d'éternelles vérités, que la nature et Dieu ont si bien dérobées aux investigations de l'homme que ses efforts même pour lever le coin du voile qui les couvre les fait disparaître à ses yeux, quand ils ne les changent pas en fantômes hideux ou n'en font pas jaillir l'éclair éblouissant et la foudre vengeresse : telle est la leçon que donne aux hommes la parole divine sous l'emblème de l'arbre de la science du bien et du mal; tel est aussi l'enseignement que là sagesse même des païens inculquait aux mortels par les mythes de Prométhée et de la statue voilée de Saïs. Quand l'analyse s'aventure au delà d'un certain terme, au lieu de la réalité vivante, elle ne saisit qu'une abstraction morte; les parties qui, dans un harmonieux ensemble, conspiraient vers un but déterminé, elle les désunit pour ne les apercevoir le plus souvent que sous un aspect unique et les combiner artificiellement en de nouveaux systèmes, qu'elle donne arbitrairement pour les lois universelles. Alors naissent les conflits entre ces systèmes, qui sont d'autant plus multipliés que leurs objets sont plus généraux et moins accessibles à la pensée humaine. C'est ainsi qu'une école d'économistes, frappée de certains vices dans la répartition des profits industriels et appliquant aux faits économiques les théories politiques, prétend confondre sous la formule du communisme ou d'une de ses variétés les intérêts des capitalistes et des ouvriers, mais ne réussit qu'à les partager en deux camps ennemis et qu'à ébranler les deux colonnes les plus solides de l'édifice social, la famille et la propriété. Auparavant déjà d'autres esprits systématiques, admirant les merveilles de l'industrie et la déclarant reine du monde, avaient voué un culte aux jouissances matérielles : sans doute, ils étaient animés de généreuses intentions en faveur de la classe la plus nombreuse et la plus pauvre; mais, tout en croyant s'avancer vers un nouvel âge d'or, ils rétrogradaient en morale au delà des philosophes païens, qui généralement mettaient la recherche des biens de ce monde fort au-dessous de la pratique de la vertu ; ils oubliaient le langage énergique de Juvénal, qui ne voulait pas que la jouissance de la vie fît manquer le but même de la vie :

Nec propter vitam vivendi perdere causas.

Ces tendances des écoles socialistes, à ne considérer que les masses et leurs intérêts matériels, ont été ensuite formulées par les philosophes, qui, mettant en œuvre des données incomplètes, et laissant presque entièrement dans l'ombre la personnalité et ses nombreux attributs, ont réduit la vie de l'individu à celle de l'espèce, sans trop regarder s'ils ne sacrifient pas la dignité, la liberté, la responsabilité de l'un au profit de l'autre.

La philosophie humanitaire a été plus loin : elle a rompu avec le christianisme en décrétant l'éternité du monde et en abaissant le ciel sur la terre, au lieu d'élever l'homme à Dieu, ou plutôt en confondant l'existence de l'homme individu, de l'homme humanité et de Dieu. D'un autre côté, le christianisme a souffert des blessures que lui ont faites ses amis mêmes en prétendant le réduire à un petit nombre de dogmes bien étroitement limités, tandis que le secret de son empire est dans son esprit tout entier qui participe de l'infini. Les divisions que l'esprit théologique a fait naître a nui à l'Église, non-seulement en la scindant, mais encore en augmentant le nombre des incrédules et des moqueurs.

« La vérité, a dit Bacon, est le sceau de la bonté, et c'est, au contraire, des nuages de l'erreur et du mensonge que s'élancent avec fracas les tempêtes des vices et des passions immodérées (1). » Les affreuses journées du mois de juin n'ont été que la violente manifestation des doctrines subversives dont on berçait les classes ouvrières. Ces doctrines ne se sont

(1) De Dignit. et Augm. scient., liv. I; Panth. littér., Œuvres de Fr. Bacon, p. 47.

pas seulement fait jour dans les millions de feuilles éphémères dont la presse a inondé la capitale depuis la révolution de février; elles avaient déjà pris corps dans des ouvrages plus volumineux dont la publication avait précédé cet événement. La violence prétendait déjà s'arroger au même titre que les lumières l'honneur de servir la cause de la civilisation : « La civilisation, dit un des adeptes, est une page qui s'écrit d'un côté avec la plume, et de l'autre avec le glaive » (1). Le recours à la violence était même considéré comme un progrès comparativement à l'emploi des armes spirituelles du christianisme : « Nous trouvons, dit le même auteur, que le peuple de 89 fit sagement d'y ajouter un fer de lance » (2). Bien plus, à la manière dont on ne craignait pas de représenter Dieu, il semblait qu'on voulût d'avance sanctifier l'insurrection en le mettant au nombre des conjurés : « J'aperçois un inconnu qui, le visage masqué, les bras nus, la poitrine haletante et penchée sur la fournaise, remue les éléments d'une transmutation prochaine; cet alchimiste est la Providence » (3). N'en déplaise à l'auteur : cet être farouche, qui a l'air de fondre des balles fratricides, n'est pas celui dont les yeux sont trop purs pour voir le mal, et que tous les hommes invoquent

---

(1) Alphonse Esquiros, *Histoire des Montagnards*, Introd., p. 18.
(2) *Ibidem*, p. 22. — (3) *Ibidem*, p. 39.

comme un père; c'est bien plutôt le démon de l'é-
meute, c'est Méphistophélès ou Typhon.

Ce qu'il y a de plus fâcheux dans ces grandes
crises politiques qu'on appelle révolutions, c'est que
les idées, au nom desquelles on les fait, sont telle-
ment amplifiées par la passion et l'imagination qu'elles
éclipsent celles même qui leur sont supérieures par
leur importance ou leur universalité : ainsi est fait
l'esprit humain, ainsi procèdent les masses; il semble
que l'homme ne puisse concentrer ses facultés dans
la réalisation d'une pensée qu'en s'aveuglant sur
toutes celles qui n'en sont pas très-voisines. Deman-
dez-vous à vous-même quelles sont les bases et les
conditions essentielles de l'existence des nations :
vous trouverez, comme causes déterminantes, l'in-
stinct de sociabilité, la nécessité de subvenir à la
faiblesse individuelle, et l'espérance d'un bonheur
plus grand, plus assuré, plus stable, en échange
des sacrifices imposés à la liberté individuelle; puis
vous serez tout naturellement conduit à considérer
comme les meilleurs garants de ce bonheur l'ordre,
la justice, l'amour. la religion, les bonnes mœurs,
la vertu, l'observation du devoir; en troisième lieu,
sachant que les hommes malheureusement ne sont
pas toujours de fidèles observateurs de la loi du
devoir, vous penserez que, pour en maintenir l'empire, il est nécessaire d'établir des lois positives
et de constituer une autorité, un pouvoir qui veille

à leur observation, en même temps qu'il administrera les affaires générales de la communauté. D'ailleurs il est probable que les opinions ne seront pas d'accord sur le genre de bonheur dont l'association politique devra préférablement se proposer la réalisation : ainsi ceux-ci mettront en première ligne la grandeur, la puissance, la gloire de la nation ; ceux-là revendiqueront pour les particuliers le bien-être et les jouissances matérielles, tandis que d'autres plaideront en faveur de la liberté, de l'égalité ou de la perfectibilité. Il n'est pas ici question de ce qu'a pu faire la violence ou la conquête, ni des destinées particulières que peuvent assigner à certains peuples leur race, leur situation géographique ou la Providence. Remarquez d'ailleurs que la famille et la propriété préexistant à l'association politique sont, par cela même, de droit naturel, que la loi politique peut bien en régler l'usage, mais qu'elle ne saurait en disposer à son gré.

A notre avis il suffit de lire sans système préconçu cette simple énumération pour se convaincre que les questions du jour qui soulèvent le plus d'orages, l'organisation du travail et le droit de propriété, ou bien n'ont pas toute l'importance qu'on leur attribue, ou bien en ont une si considérable, que chercher à en donner une solution différente de celle que les siècles ont consacrée, c'est risquer de renverser tout l'édifice social. Si elles se sont produites avec tant de fracas, c'est qu'elles bouillonnaient dans les flancs du volcan révolutionnaire, et que, projetées avec sa lave, elles participaient à l'intensité d'une impulsion qui ne leur était pas particulière. Du cratère enflammé ont jailli avec des pierres précieuses, avec la liberté, l'égalité, la fraternité, les scories impures de l'envie, de la haine, de la confiance en soi-même, de l'orgueil, des appétits grossiers; mais sachons prendre patience un peu de temps, et le départ des matières se fera de lui-même, le feu des passions s'éteindra peu à peu, les fausses doctrines et les utopies extravagantes s'évanouiront en fumée, et la vérité sortira de la fournaise, revêtue d'un nouvel éclat. Il est vraisemblable que de toutes les théories sociales, qui ont si funestement compliqué la révolution du 24 février, il ne passera pour le moment dans l'application que quelques mesures d'administration destinées à favoriser les associations d'ouvriers entre eux, ou de maîtres et d'ouvriers. Mais la démocratie, sa vraie nature, le rôle qu'elle est appelée à jouer dans la civilisation, la manière de la constituer et de la diriger, voilà le principal problème des sciences politiques et sociales dans notre époque, et, sous le point de vue théorique de même que dans ses applications pratiques, il est de nature à offrir un aliment suffisant aux recherches des penseurs et à l'activité des citoyens.

Telle qu'on l'entend aujourd'hui, la démocratie

est le système de l'égalité politique de tous les citoyens. Sans doute le titre de citoyen a une certaine élasticité qui permet d'en étendre ou d'en restreindre la signification ; mais les incapacités qui motivent les restrictions n'affectent pas un assez grand nombre d'individus pour empêcher de regarder ce titre comme s'appliquant à la généralité des hommes capables de choisir les représentants de la nation. Dans ce sens, la démocratie, quoique son nom soit fort ancien, est une forme politique nouvelle pour l'Europe. Elle n'a pas existé dans les républiques de la Grèce, où les hommes libres et en quelque sorte nobles jouissaient seuls des droits politiques, qui dans toutes étaient refusés aux esclaves, et dans presque toutes aux artisans, c'est-à-dire à la partie la plus nombreuse de la population. Elle ne s'est pas non plus établie dans la république romaine, par l'effet de la même cause et de la séparation des citoyens en deux classes, qui ne jouissaient pas des mêmes droits politiques l'une que l'autre. Elle n'a pas davantage été connue des républiques italiennes du moyen âge, dans lesquelles les bourgeois des villes étaient perpétuellement en guerre avec la noblesse et les seigneurs des châteaux. Enfin, dans les cantons primitifs de la Suisse, où elle semblait avoir trouvé sa véritable expression, elle n'existait qu'en apparence, puisque l'intervention du peuple dans la confection des lois n'avait lieu que peu d'instants dans l'année, plus pour la forme que dans la réalité, et que la nomination des magistrats avait fini par se circonscrire dans un petit nombre de familles. Il n'y a donc jusqu'à présent qu'un seul peuple, celui des États-Unis, qui ait vécu sous le régime de la pure démocratie assez longtemps pour qu'il ait été possible d'en apprécier l'esprit et les effets ; aussi est-elle encore peu connue et souvent mal jugée par bien des esprits, même distingués. Il serait facile de multiplier les exemples qui le prouvent ; mais nous nous contenterons de rapporter les opinions de trois auteurs célèbres : Chateaubriand, M. Proudhon et M. Alexis de Tocqueville, sur certains caractères de la démocratie.

L'illustre auteur du *Génie du Christianisme,* que la mort vient de ravir à la république des lettres, a laissé tomber de sa plume cette phrase quelque peu dédaigneuse : « L'esprit humain s'agrandira, mais il est à craindre que l'homme ne diminue, que les facultés éminentes du génie ne se perdent, que l'imagination, la poésie, les arts ne meurent dans les trous d'une société ruche, où chaque individu ne sera plus qu'une abeille, une roue dans une machine, un atome dans la matière organisée. » M. Proudhon, de son côté, dans une invocation qui termine son traité intitulé *Qu'est-ce que la propriété ?* s'exprime ainsi : « Apprends à ces pauvres enfants qu'au sein de la liberté il n'y aura plus ni héros ni grands hommes. » Quant à M. de Tocqueville, après avoir exposé les raisons qui lui font croire que l'empire intellectuel du plus grand nombre sera toujours très-absolu dans une démocratie pure, et que la foi dans l'opinion commune y deviendra une sorte de religion dont la majorité sera le prophète, il ajoute qu'il aperçoit dans cette tendance une nouvelle physionomie de la servitude, et qu'il y a là de quoi faire réfléchir profondément ceux qui, voyant dans la liberté de l'intelligence une chose sainte, ne haïssent point seulement le despote, mais le despotisme. Il est bon de faire observer que les trois écrivains qui se rencontrent ainsi dans l'expression de leurs sentiments à l'égard d'une face de la démocratie sont, le premier un chevaleresque défenseur de la monarchie légitime, le second un chaud partisan de la république démocratique et sociale, le troisième un observateur impartial qui a étudié avec soin la démocratie en Amérique. L'accord de trois esprits aussi différents sur le point en question doit, il faut en convenir, donner une autorité fort spécieuse à l'opinion qu'ils soutiennent.

Ce fonds commun de leur pensée, ce point de contact qui réunit leurs théories d'ailleurs si divergentes entre elles, c'est l'idée que la démocratie n'est pas favorable à l'essor indépendant, au vol hardi de l'intelligence individuelle, et qu'elle tend, au contraire, à l'étouffer, à l'annihiler sous la pression de la volonté générale, à la noyer dans l'océan des idées vulgaires. Rien de plus naturel que cette appréhension de la part de Chateaubriand, ce barde héritier de la lyre gaëlique, ce druide des antiques forêts, ce chantre des ruines, cet éloquent interprète des majestés expirantes, qui, précisément parce qu'il remontait le cours des âges pour y puiser ses inspirations, ne pouvait saisir le côté poétique du génie de la civilisation moderne, encore moins le saluer avec enthousiasme, d'autant que, dans son imagination, les priviléges de naissance, les préjugés de noblesse devaient élever une puissante barrière contre les témérités de l'esprit d'égalité. Le sardonique mépris du citoyen Proudhon pour la supériorité du grand homme et du héros ne s'explique pas avec moins de facilité, quand on connaît l'inflexible niveau sous lequel il rabaisse avec la logique impitoyable du sophiste tout ce qui tend à le dépasser. Mais le doute loyal, la noble crainte de M. de Tocqueville mérite plus d'attention. Il est cependant permis de croire qu'elle n'est pas fondée. Cet excellent esprit raisonne uniquement sur les données que lui a fournies le spectacle de la société aux États-Unis; or, le peuple américain n'est pas actuellement et n'a pu être jusqu'à présent dans une période favorable aux puissantes individualités intellectuelles; il est tout entier occupé à déblayer, à féconder, à peupler son territoire ; néanmoins l'apparition de quelques esprits supérieurs dans ses rangs, de Franklin et de Fenimore Cooper, par exemple, a déjà montré que vraisemblablement le génie n'est pas plus la propriété de la monarchie ou de l'aristocratie que celle de la démocratie ; veuillez attendre pour prononcer un jugement. Ailleurs le gouvernement populaire est à peine installé, il ne lui a pas encore été loisible de se montrer à l'œuvre, et, jaloux amant de l'égalité, il a peut-être fait peser un ostracisme un peu rigoureux sur ses antagonistes : veuillez aussi attendre, pour le juger sur ce théâtre, qu'il soit sorti de la période militante.

Mais abordons le fond de la question. Est-il vrai qu'un venin mortel à la grandeur du génie individuel soit caché dans l'essence de la démocratie? Nous ne répondrons pas à ceux qui l'attaquent en elle-même, attendu que ce n'est pas sa légitimité qu'on met ici en question. Mais nous dirons à ses craintifs amis : Vous admettez que le gouvernement populaire répond à un besoin de l'humanité et qu'il sert la cause de la civilisation : comment pouvez-vous croire en même temps qu'il la desservira en la privant de ces esprits initiateurs, de ces phares lumineux qui répandent sur sa route des torrents de lumière? Assurément il serait imprudent d'affirmer qu'il sera favorable à tous les genres de talents et de gloire. Si, par exemple, à mesure qu'il se propagera, il diminue le nombre des guerres, de manière que celles qui ont pour but une légitime défense soient désormais les seules possibles, manifestement le nombre des illustrations militaires diminuera; il pourra s'élever des Washingtons, il n'y aura plus de Napoléons : de ces gloires quelle est la plus grande aux yeux de Dieu et de la saine raison? L'une croît tous les jours, l'autre commence un peu à pâlir. Il est possible que le nombre des célébrités diminue aussi dans d'autres sphères de l'activité humaine : ainsi la littérature frivole et surtout la littérature corruptrice pourront compter moins de coryphées; mais qui pourrait se plaindre d'une aussi salutaire épuration? Nul doute, d'ailleurs, que la perte d'activité intellectuelle qui pourra se faire sentir sur un point ne trouve sa compensation dans une augmentation sur un autre : Parny pourra ne point avoir de rivaux dans l'avenir, mais Démosthène et Cicéron auront peut-être des émules. En tout cela il faut voir non pas un affaiblissement, mais un simple déplacement ou peut-être une transformation de la puissance créatrice de l'individu, déplacement ou transformation qui n'inspirera aucun regret à l'humanité, parce qu'elle-même aura changé de dispositions. Enfin en supposant même que le nombre des sommités intellectuelles dût diminuer, et que chacune dût atteindre une moindre hauteur relative, il n'y aurait pas encore là de motif pour mal augurer des républiques démocratiques : les exceptions, les individualités domineraient moins, mais la société tout entière s'élèverait et s'améliorerait ; ainsi dans les Alpes bien des pics sourcilleux et superbes s'éboulent, mais le fond des riantes vallées s'exhausse et la chaîne tout entière devient plus accessible à l'homme.

Il en est des peuples comme des individus : ils ont leur caractère, leurs facultés, leurs dispositions particulières ; ils ont aussi leurs âges, l'enfance, la jeunesse, la virilité, la vieillesse. Or leur degré de développement et le plus ou moins d'éclat qu'ils répandent tiennent plus à ces causes qu'à la forme de leur gouvernement. Parmi les États qui ont joué le plus grand rôle sur la scène du monde et qui ont le plus contribué aux progrès de la civilisation, on compte des républiques aussi bien que des monarchies : les États populaires d'Athènes, de Rome, de Florence peuvent revendiquer leur part de gloire littéraire aussi bien que l'empire d'Auguste et le royaume de Louis XIV. Non-seulement les citoyens des États libres ont reçu de la nature une aussi riche mesure des facultés de l'esprit et du cœur que les sujets des rois, mais encore on peut dire qu'ils les perfectionnent davantage par l'exercice continuel qu'ils en font. Les démocraties recèlent donc dans leur sein les éléments d'un grand développement scientifique et littéraire, aussi bien que commercial et industriel ;

et, quand elles le voudront, elles pourront en disposer de manière à donner plus de relief aux individualités, plus d'éclat à la nation tout entière. La question pour elles est de savoir si, en se jetant dans cette direction, elles ne perdraient pas plus qu'elles ne gagneraient. C'est un problème sur lequel les poëtes et les moralistes ne sont, ce semble, pas encore tout à fait d'accord :

... certant, et adhuc sub judice lis est.

THESES.

I. Les révolutions sociales ne sont que la manifestation violente des antagonismes préexistants dans les idées et les systèmes politiques.

II. L'avenir politique de la démocratie doit plus attirer l'attention publique que l'organisation du travail.

III. La démocratie n'est pas hostile aux talents et aux génies individuels.

IV. La démocratie préfère l'utile à l'agréable, la simplicité à l'éclat.

V. Elle peut cependant tendre à la fois à l'un et à l'autre.